Impressum
Verlag: BABADADA GmbH, Nedderfeld 112 , 22529 Hamburg
Geschäftsführer / Verlagsleitung: Harald Hof
Druck: Books on Demand GmbH, In de Tarpen 42, 22848 Norderstedt

Imprint
Publisher: BABADADA GmbH, Nedderfeld 112 , 22529 Hamburg, Germany
Managing Director / Publishing direction: Harald Hof
Print: Books on Demand GmbH, In de Tarpen 42, 22848 Norderstedt

1

sekolah
skola

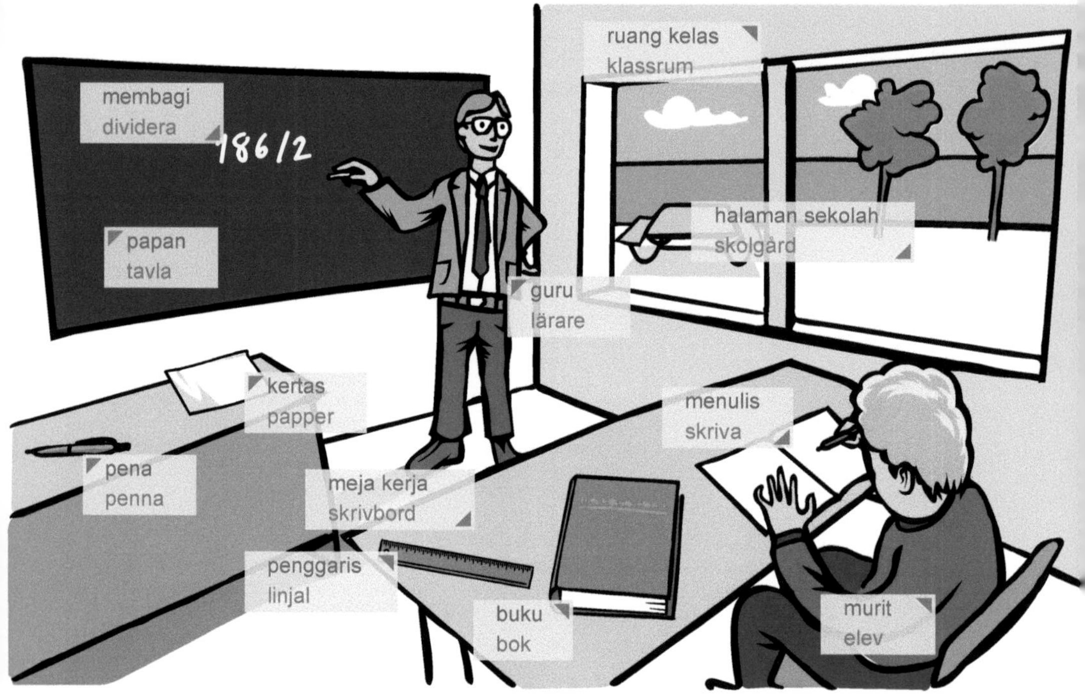
ruang kelas
klassrum
membagi
dividera
186/2
papan
tavla
halaman sekolah
skolgård
guru
lärare
kertas
papper
menulis
skriva
pena
penna
meja kerja
skrivbord
penggaris
linjal
buku
bok
murit
elev

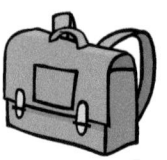

tas sekolah

skolväska

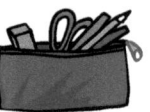

tempat pensil

pennfodral

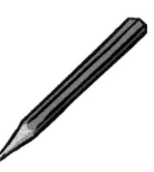

pensil

blyertspenna

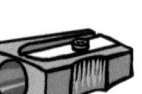

pengasah pensil

pennvässare

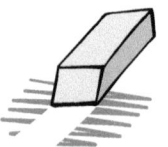

penghapus

suddgummi

kertas gambar

ritblock

gambar

teckning

kuas

pensel

kotak cat

målarlåda

gunting

sax

lem

lim

buku latihan

övningsbok

pekerjaan rumah

hemläxa

angka

tal

tambhakan

addera

mengurangi

subtrahera

mengalikan

multiplicera

menghitung

räkna

huruf

bokstav

alfabet

alfabet

kata

ord

teks

text

membaca

läsa

kapur

krita

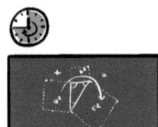

pelajaran

lektion

daftar

register

ujian

prov

sertifikat

intyg

seragam sekolah

skoluniform

pendidikan

utbildning

ensiklopedi

uppslagsverk

universitas

universitet

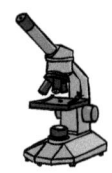

mikroskop

mikroskop

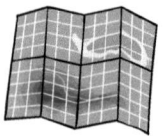

peta

karta

tempat sampah

papperskorg

4   sekolah - skola

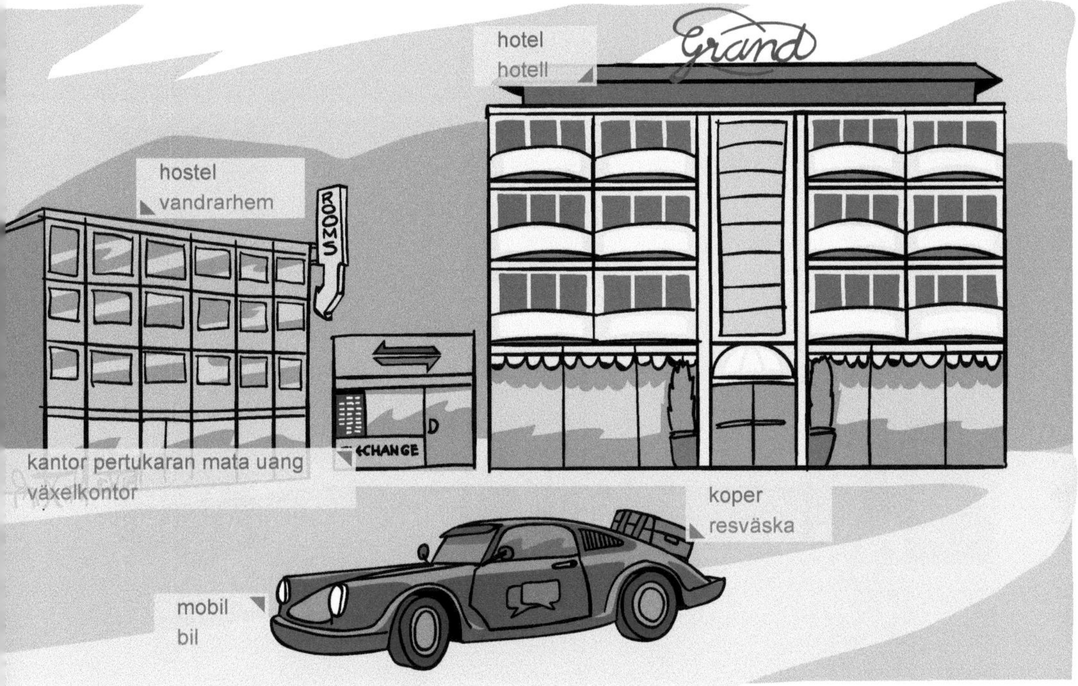

hotel
hotell
Grand
hostel
vandrarhem
ROOMS
CHANGE
kantor pertukaran mata uang
växelkontor
koper
resväska
mobil
bil

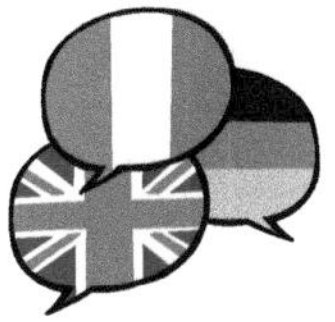

bahasa
språk

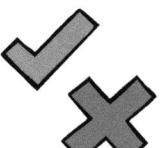

ya / tidak
ja / nej

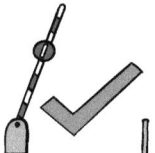

okay
Okay

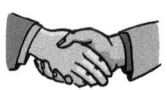

hallo
hej

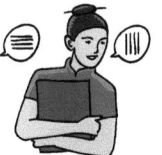

penerjemah
översättare

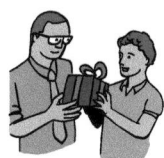

terima kasih
Tack

Berapa harganya...?

hur mycket kostar...?

saya tidak mengerti

jag förstår inte

masalah

problem

Selamat malam!

God kväll!

Selamat siang!

God morgon!

Selamat tidur!

God natt!

sampai jumpa

hejdå

arah

riktning

bagasi

bagage

tas

väska

ransel

ryggsäck

tamu

gäst

ruang

rum

kantong tidur

sovsäck

tenda

tält

perjalanan - resa

informasi wisata

turistinformation

pantai

strand

kartu kredit

kreditkort

sarapan

frukost

makan siang

lunch

makan malam

middag

tiket

biljett

elevator

hiss

perangko

frimärke

perbatasan

gräns

cukai

tull

kedutaan

ambassad

visa

visum

paspor

pass

transportasi

transport

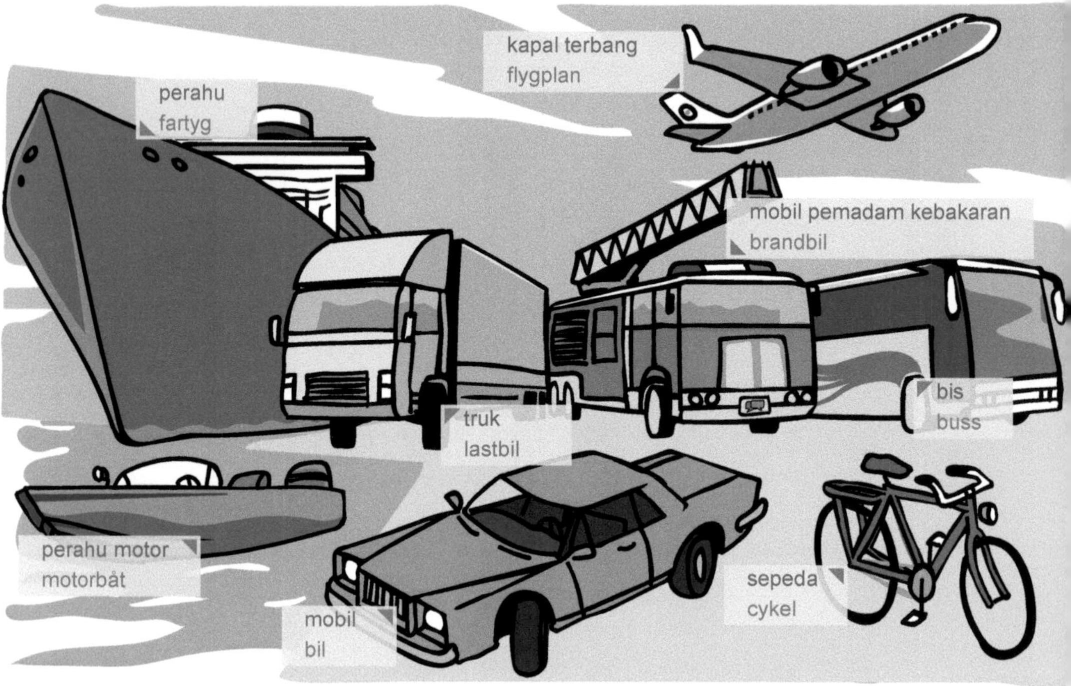
kapal terbang
flygplan
perahu
fartyg
mobil pemadam kebakaran
brandbil
bis
buss
truk
lastbil
perahu motor
motorbåt
sepeda
cykel
mobil
bil

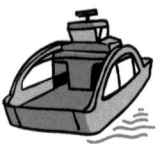

feri

färja

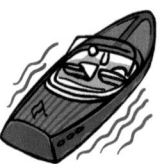

perahu

båt

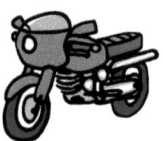

sepeda motor

motorcykel

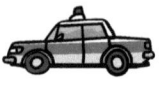

mobil polisi

polisbil

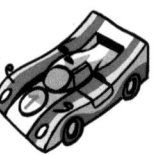

mobil balapan

racerbil

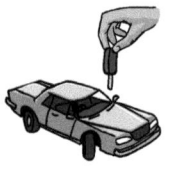

mobil sewa

hyrbil

berbagi mobil

bilpool

truk derek

bärgningsbil

truk sampah

sopbil

motor

motor

bahan bakar

bränsle

bensin

bensinstation

tanda lalulintas

vägmärke

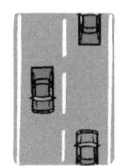

lalulintas

trafik

macet

bilkö

parkir mobil

parkeringsplats

stasiun kereta

tågstation

trek

räls

kereta api

tåg

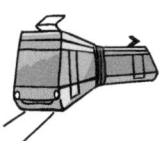

tram

spårvagn

gerobak

vagn

helikopter

helikopter

bendara

flygplats

menara

torn

penumpang

passagerare

container

container

karton

kartong

troli

vagn

keranjang

korg

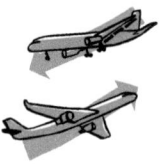

berangkat / mendarat

starta / landa

kota

stad

desa

by

pusat kota

centrum

rumah

hus

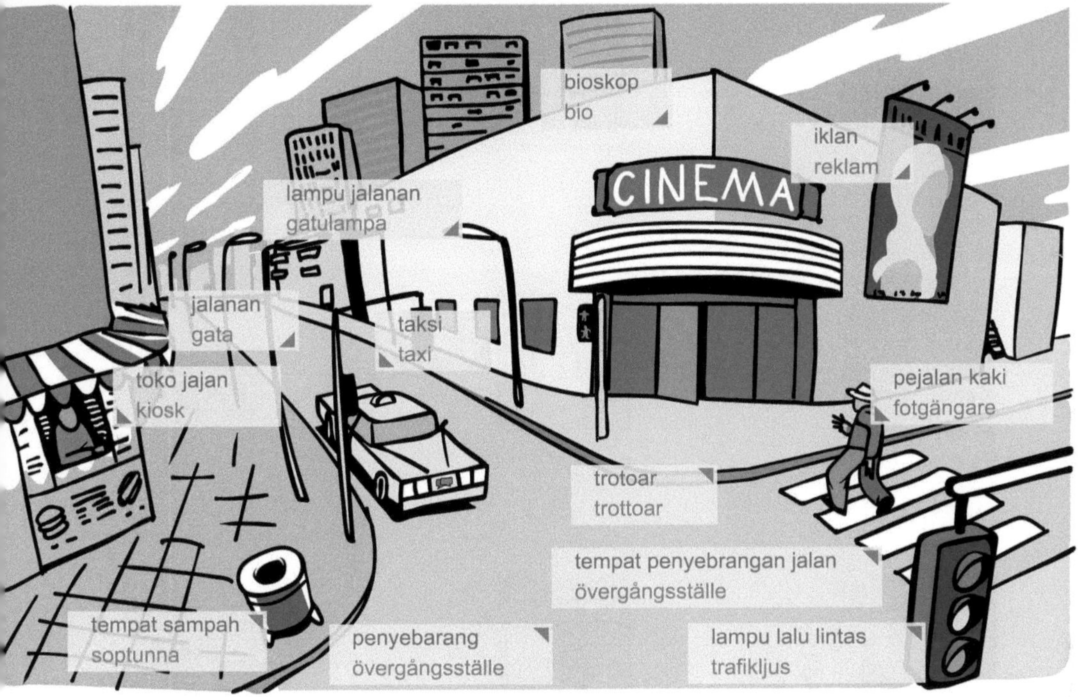

CINEMA

bioskop / bio

iklan / reklam

lampu jalanan / gatulampa

jalanan / gata

taksi / taxi

toko jajan / kiosk

pejalan kaki / fotgängare

trotoar / trottoar

tempat penyebrangan jalan / övergångsställe

tempat sampah / soptunna

penyebarang / övergångsställe

lampu lalu lintas / trafikljus

gubuk

stuga

rumah flat

lägenhet

stasiun kereta

tågstation

balai kota

stadshus

museum

museum

sekolah

skola

universitas	bank	rumah sakit
universitet	bank	sjukhus

hotel	farmasi	kantor
hotell	apotek	kontor

toko buku	toko	toko bunga
bokhandel	affär	blomsterbutik

supermarket	pasar	toko serba ada
stormarknad	marknad	varuhus

nelayan	pusat belanja	pelabuhan
fiskhandlare	köpcentrum	hamn

taman

park

banku

bänk

jembatan

brygga

tangga

trappa

kereta bawah tanah

tunnelbana

terowongan

tunnel

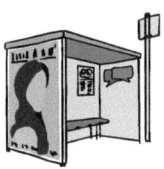

pemberhantian bis

busshållplats

bar

bar

restauran

restaurang

kotak surat

brevlåda

tanda jalan

gatuskylt

meteran parkir

parkeringsautomat

kebun binatang

zoo

kolam renang

simbassäng

mesjid

moské

pertanian
bondgård

polusi
förorening

kuburan
kyrkogård

gereja
kyrka

tempat bermain
lekplats

pura
tempel

pemandangan
landskap

daun
löv

penunjuk arah
vägskylt

jalanan
väg

padang rumput
äng

batu
sten

pejalak kaki
liftare

pohon
träd

sungai
flod

rumput
gräs

bunga
blomma

lembah
dal

bukit
kulle

danau
sjö

hutan
skog

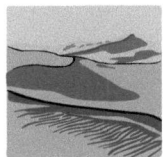

padang gurun
öken

gunung berapi
vulkan

istana
slott

pelangi
regnbåge

jamur
svamp

pohon palem
palm

nyamuk
mygga

lalat
fluga

semut
myra

lebah
bi

laba-laba
spindel

kumbang

skalbagge

kodok

groda

tupai

ekorre

landak

igelkott

kelinci

hare

burung hantu

uggla

burung

fågel

angsa

svan

babi jantan

vildsvin

rusa

rådjur

rusa

älg

bendungan

damm

turbin angin

vindkraftverk

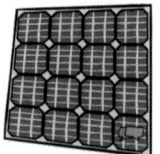

panel surya

solcellspanel

iklim

klimat

restauran

restaurang

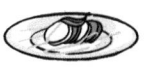

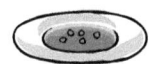

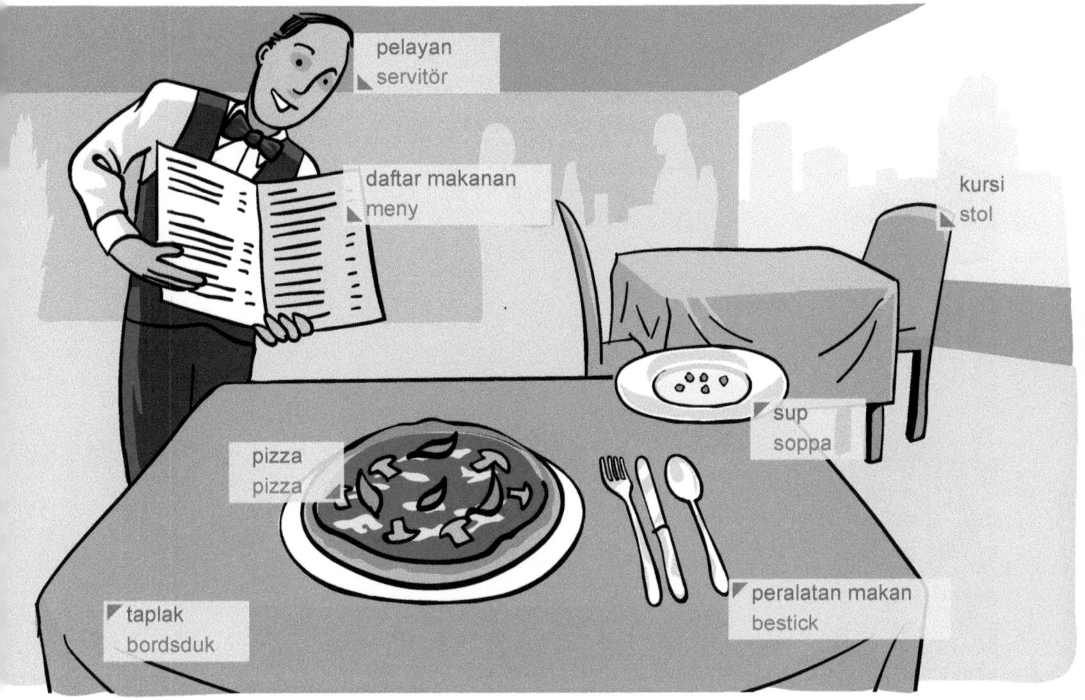
pelayan
servitör
daftar makanan
meny
kursi
stol
sup
soppa
pizza
pizza
taplak
bordsduk
peralatan makan
bestick

hindangan pembuka

förrätt

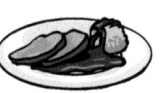

hidangan utama

huvudrätt

hidangan penutup

dessert

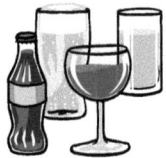

minuman

drycker

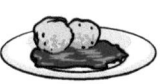

makanan

mat

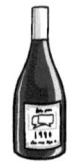

botol

flaska

fastfood

snabbmat

masakan jalanan

street food

teko teh

tekanna

kaleng gula

sockerskål

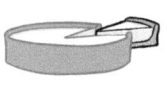

porsi

portion

mesin espresso

espressomaskin

kursi tinggi

barnstol

tagihan

räkning

baki

bricka

pisau

kniv

garpu

gaffel

sendok

sked

sendok teh

tesked

serbet

servett

gelas

glas

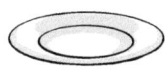

piring

tallrik

piring sup

sopptallrik

lepek

tefat

saus

sås

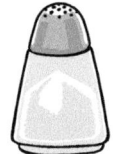

tempat garam

saltkar

gilingan merica

pepparkvarn

cuka

vinäger

minyak

olja

bumbu

kryddor

saus tomat

ketchup

mustar

senap

mayones

majonnäs

supermarket
stormarknad

penawaran khusus
specialerbjudande
klien
kund
produk susu
mejeriprodukter
buah
frukt
troli
varukorg
FOR

BUTCHERS

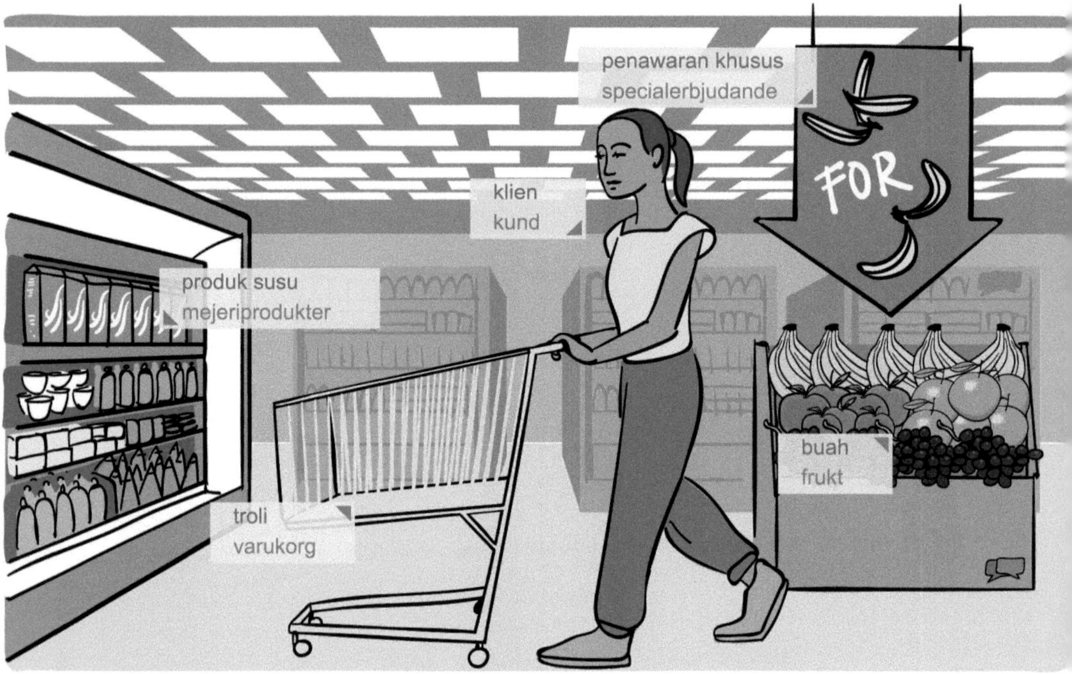

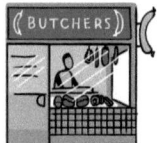

pembantai

charkuteri

BAKERY

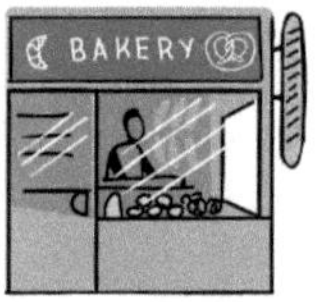

toko roti

bageri

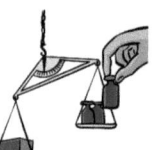

menimbang

väga

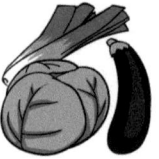

sayur

grönsaker

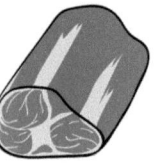

daging

kött

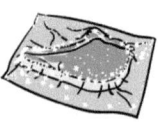

makanan beku

frysta livsmedel

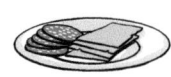

pemotongan dingin

pålägg

makanan kaleng

konserver

sabun serbuk

tvättmedel

permen

godis

alat-alat rumah tangga

hushållsprodukter

obat pembersihan

rengöringsmedel

penjual

försäljare

kasa

kassa

kasir

kassör

daftar belanja

inköpslista

jam buka

öppettider

dompet

plånbok

kartu kredit

kreditkort

tas

väska

kantong plastik

plastpåse

air

vatten

jus

juice

susu

mjölk

cola

cola

anggur

vin

bir

öl

alkohol

alkohol

coklat

kakao

teh

te

kopi

kaffe

espresso

espresso

cappucino

cappuccino

pisang

banan

apel

äpple

jeruk

apelsin

semangka

melon

jeruk lemon

citron

wortel

morot

bawang putih

vitlök

bambu

bambu

bawang bombai

lök

jamur

svamp

kacang

nötter

mi

nudlar

spagetti

spaghetti

nasi

ris

salat

sallad

kentang goreng

pommes frites

kentang goreng

stekt potatis

pizza

pizza

hamburger

hamburgare

sandwich

smörgås

sayatan

schnitzel

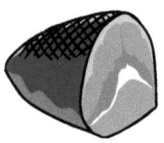

ham

skinka

salami

salami

sosis

korv

ayam

kyckling

menggoreng

stek

ikan

fisk

bubur gandum

havregryn

sereal

müsli

cornflakes

cornflakes

tepung

mjöl

croissant

croissant

roti

fralla

roti

bröd

toast

rostat bröd

biskuit

kex

mentega

smör

dadih

kvarg

kue

kaka

telur

ägg

telur goreng

stekt ägg

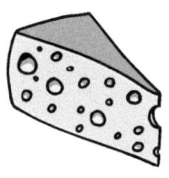

keju

ost

makanan - mat

eskrim
glass

gula
socker

madu
honung

selai
sylt

krim nugat
nougatkräm

kare
curry

pertanian
bondgård

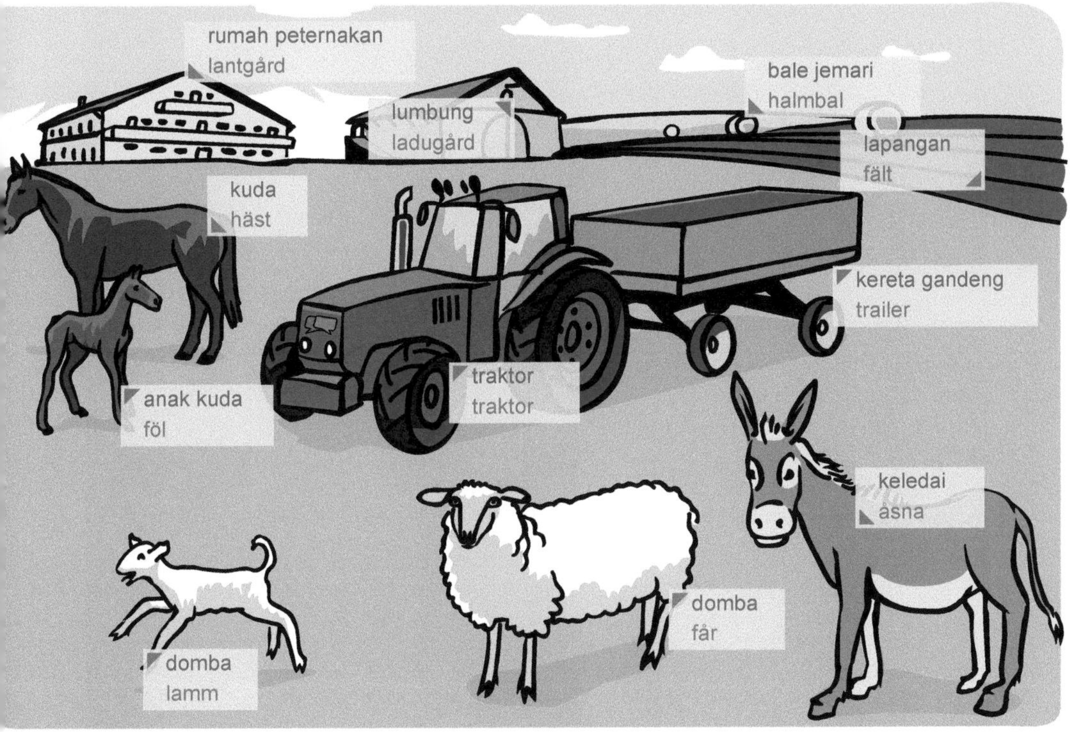
rumah peternakan
lantgård
lumbung
ladugård
bale jemari
halmbal
lapangan
fält
kuda
häst
kereta gandeng
trailer
traktor
traktor
anak kuda
föl
keledai
åsna
domba
får
domba
lamm

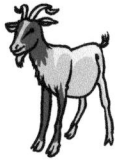

kambing
get

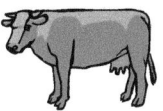

sapi
ko

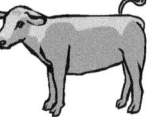

betis
kalv

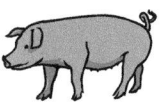

babi
gris

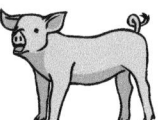

celeng
griskulting

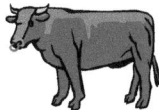

banteng
tjur

angsa

gås

bebek

anka

anak ayam

kyckling

ayam

höna

ayam jantan

tupp

tikus

råtta

kucing

katt

tikus

mus

lembu

oxe

anjing

hund

rumah anjing

hundkoja

selang

trädgårdsslang

penyiram

vattenkanna

sabit

lie

bajak

plog

sabit

skära

cangkul

hacka

garpu rumput

högaffel

kapak

yxa

gerobak

skottkärra

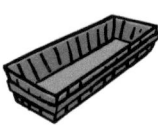

palung

tråg

kaleng susu

mjölkflaska

karung

säck

pagar

staket

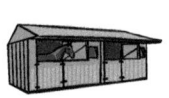

kandang

stall

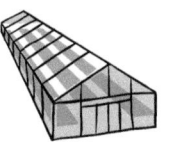

rumah kaca

växthus

tanah

jord

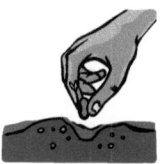

benih

säd

pupuk

gödsel

mesin pemanen

skördetröska

panen
skörda

panen
skörd

yams
jams

gandum
vete

kedelai
soja

kentang
potatis

jagung
majs

lobak
raps

pohon buah
fruktträd

singkong
maniok

sereal
spannmål

pertanian - bondgård

rumah
hus

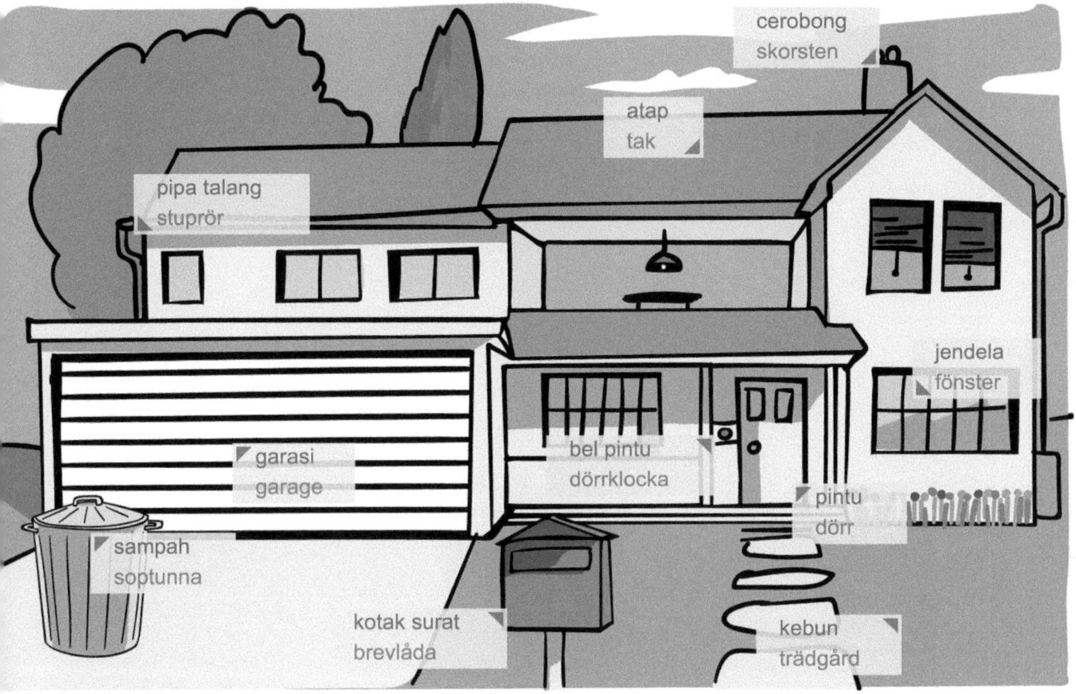
cerobong
skorsten
atap
tak
pipa talang
stuprör
jendela
fönster
bel pintu
dörrklocka
garasi
garage
pintu
dörr
sampah
soptunna
kotak surat
brevlåda
kebun
trädgård

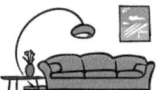

ruang tamu

vardagsrum

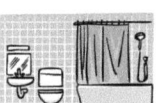

kamar mandi

badrum

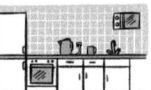

dapur

kök

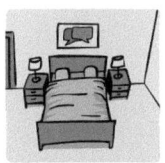

kamar tidur

sovrum

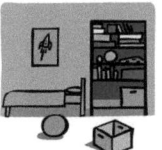

kamar anak

barnrum

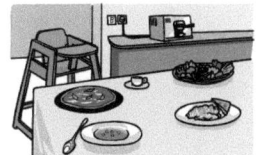

kamar makan

matsal

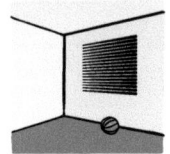

lantai

golv

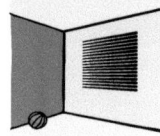

tembok

vägg

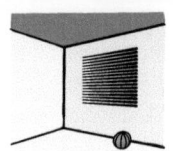

atap

tak

gudang di bawah tanah

källare

sauna

bastu

balkon

balkong

teras

terrass

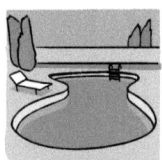

kolam renang

bassäng

mesin pemotong rumput

gräsklippare

sprei

lakan

selimut

överkast

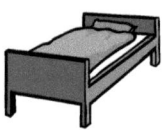

tempat tidur

säng

sapu

kvast

ember

hink

tombol

strömbrytare

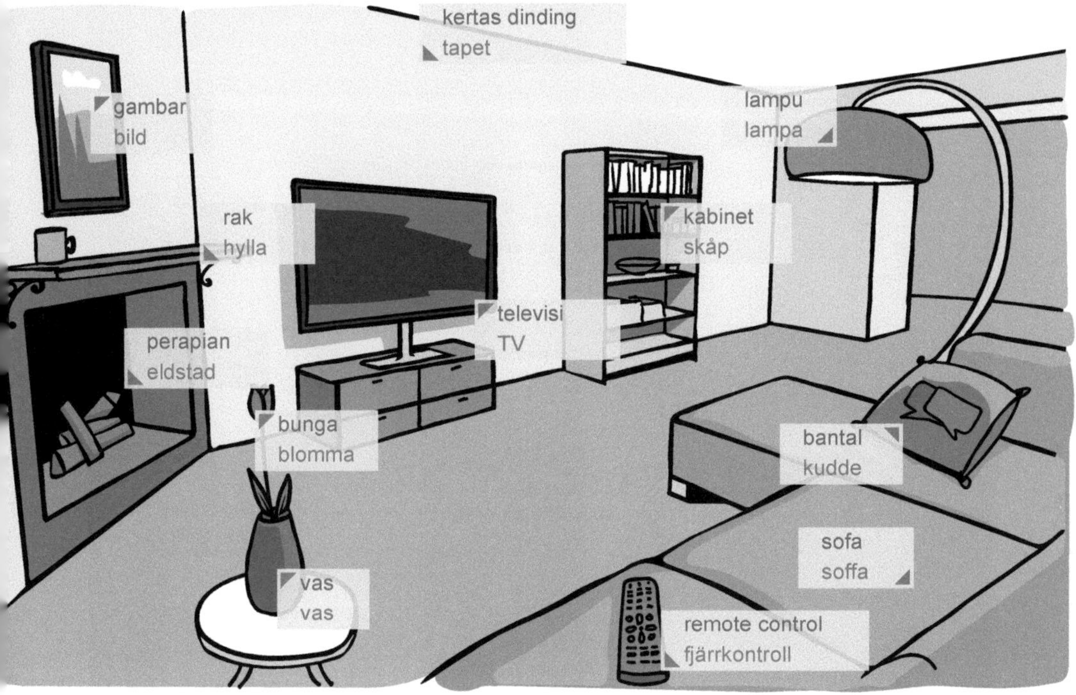

kertas dinding
tapet

gambar
bild

lampu
lampa

rak
hylla

kabinet
skåp

perapian
eldstad

televisi
TV

bunga
blomma

bantal
kudde

sofa
soffa

vas
vas

remote control
fjärrkontroll

karpet
matta

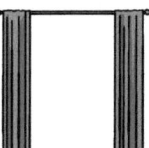

korden
gardin

meja
bord

kursi
stol

kursi goyang
gungstol

kursi malas
fåtölj

buku

bok

selimut

filt

dekorasi

dekoration

kayu bakar

vedträ

filem

film

hi-fi

stereoanläggning

kunci

nyckel

koran

dagstidning

lukisan

målning

poster

poster

radio

radio

buku tulis

anteckningsbok

penyedot debu

dammsugare

kaktus

kaktus

lilin

stearinljus

ruang tamu - vardagsrum

dapur
kök

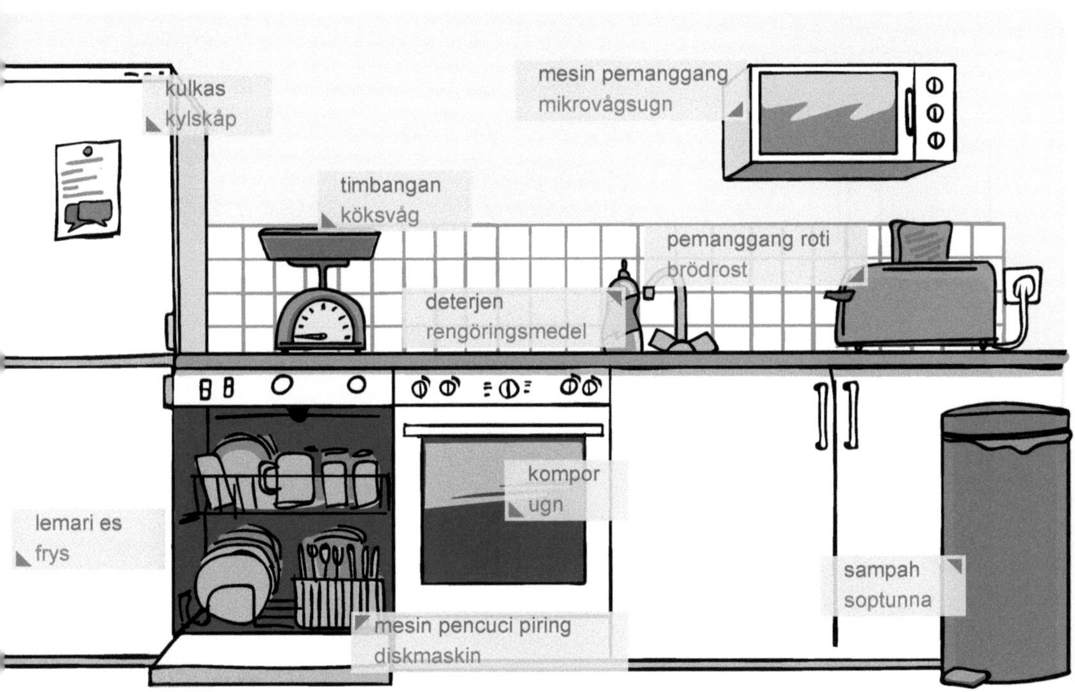
kulkas
kylskåp
mesin pemanggang
mikrovågsugn
timbangan
köksvåg
pemanggang roti
brödrost
deterjen
rengöringsmedel
kompor
ugn
lemari es
frys
sampah
soptunna
mesin pencuci piring
diskmaskin

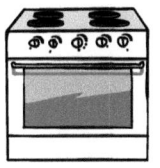

kompor

spis

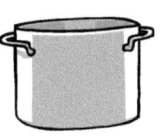

panci

kastrull

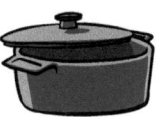

panci besi

järngryta

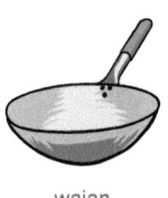

wajan

wok / kadai

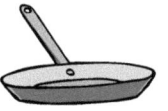

panci

stekpanna

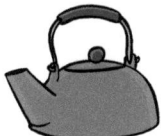

pemanas air

vattenkokare

panci pengukus makanan

ångkokare

nampan

bakplåt

piring

porslin

cangkir

mugg

mangkok

skål

sumpit

ätpinnar

sendok sup

soppslev

sudip

stekspade

mengocok

visp

saringan

durkslag

saringan

sil

parutan

rivjärn

mortir

mortel

barbeque

grill

api terbuka

brasa

papan memotong

skärbräda

gilingan

kavel

alat pembuka botol

korkskruv

kaleng

burk

pembuka kaleng

burköppnare

pegangan panci

grytlapp

wastafel

vask

sikat

borste

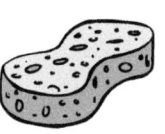

busa

svamp

mesin pencampur

mixer

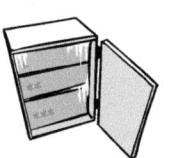

lemari es

frys

botol bayi

nappflaska

keran

kran

kamar mandi
badrum

mesin pemanas
värme
mandi
dusch
handuk
handduk
tirai kamar mandi
duschdraperi
mandi busa
bubbelbad
bak mandi
badkar
gelas
glas
mesin cuci
tvättmaskin
keran
kran
ubin
kakel
pispot
potta
wastafel
vask

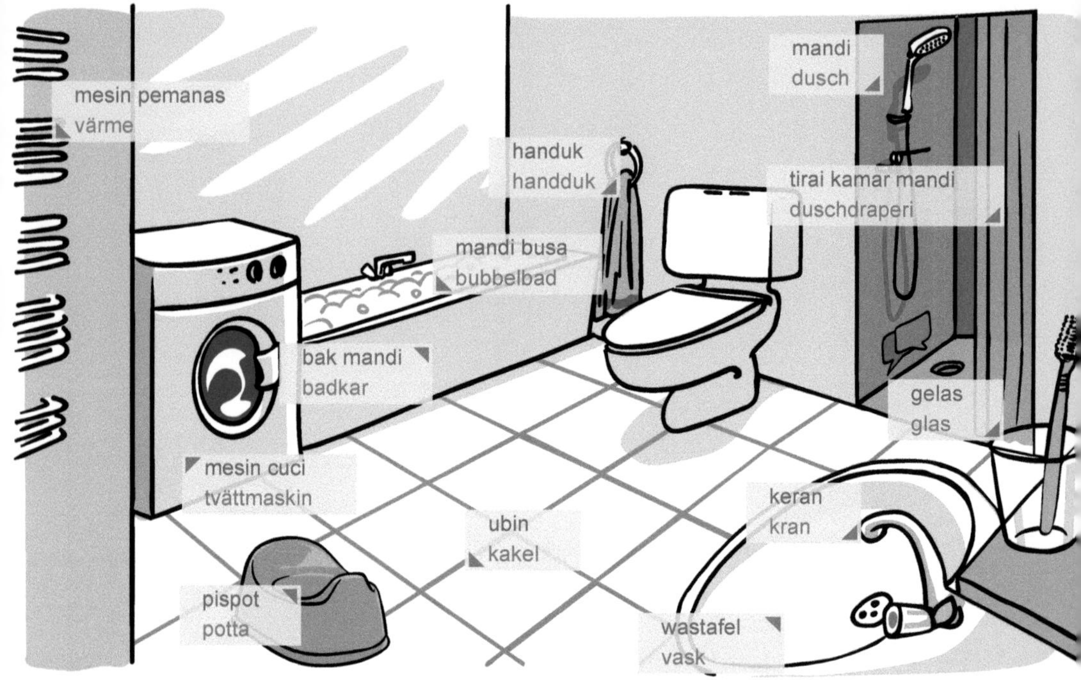

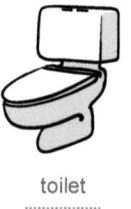

toilet
toalett

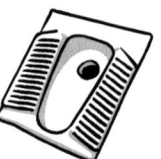

toilet jongkok
låg toalett

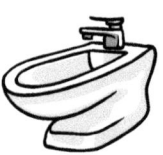

bidet
bidet

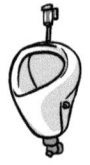

pissoir
pissoar

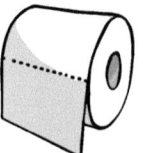

kertas toilet
toalettpapper

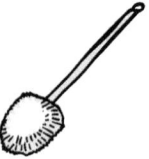

sikat toilet
toalettborste

sikat gigi

tandborste

pasta gigi

tandkräm

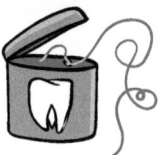

benang gigi

tandtråd

menyuci

tvätta

pancuran tangan

handdusch

pancuran

intimdusch

bak

handfat

sikat punggung

ryggborste

sabun

tvål

gel mandi

duschgel

sampo

schampo

planel

trasa

kuras

avlopp

krim

crème

deodoran

deodorant

kaca

spegel

cermin tangan

handspegel

pisau cukur

rakhyvel

busa cukur

raklödder

aftershave

rakvatten

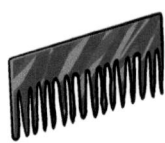

sisir

kam

sikat

borste

alat pengering rambut

hårtork

semprot rambut

hårspray

makeup

smink

lipstik

läppstift

cat kuku

nagellack

kapas

bomullsvadd

gunting kuku

nagelsax

minyak wangi

parfym

kantong pencuci

necessär

bangku

pall

timbangan

våg

mantel mandi

badrock

sarung tangan karet

gummihandskar

tampon

tampong

handuk pembalut

binda

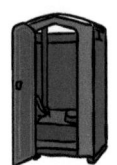

toilet kimia

kemisk toalett

kamar anak
barnrum

jam alarm
väckarklocka
boneka tidur
gosedjur
mobil-mobilan
leksaksbil
kelintung
skallra
rumah boneka
dockhus
kado
present

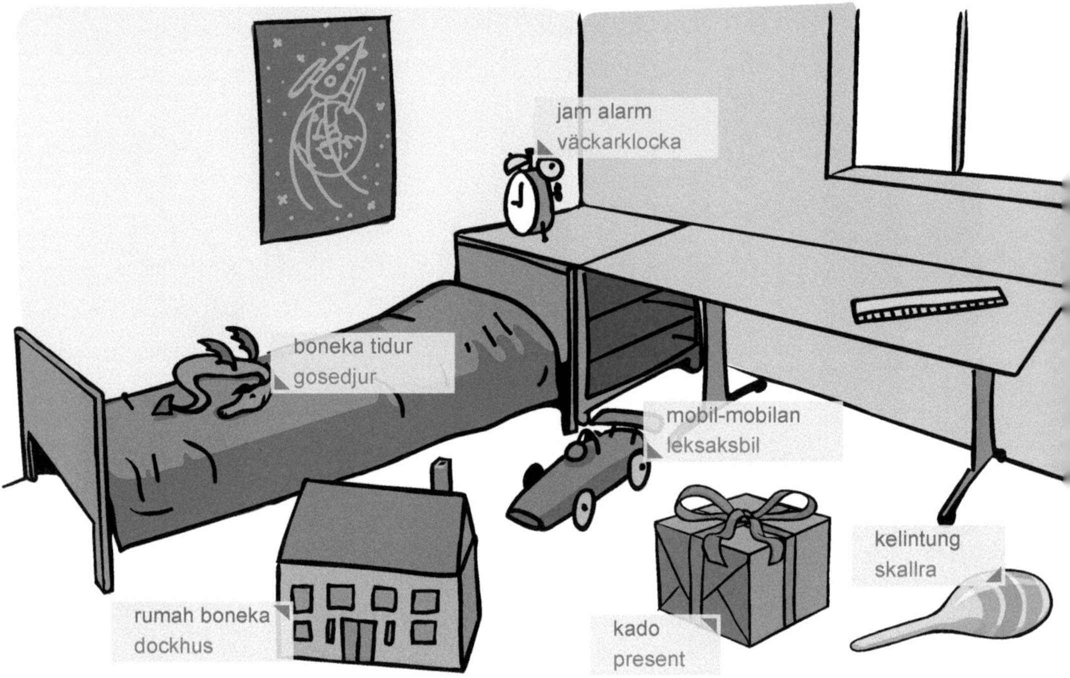

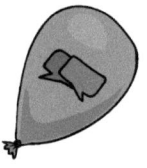

balon

ballong

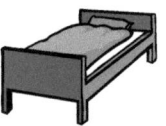

tempat tidur

säng

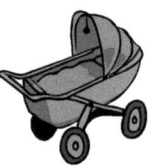

kereta bayi

barnvagn

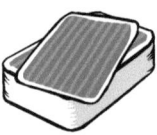

mainan kartu

kortlek

teka-teki

pussel

SUPER
MEGA

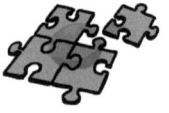

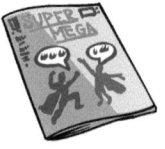

komik

serietidning

mainan lego

legobitar

blok mainan

klossar

figur aksi

actionfigur

baju monyet

sparkdräkt

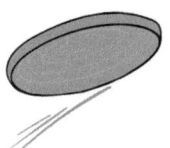

frisbee

frisbee

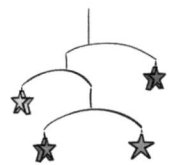

mobile

mobil

permainan papan

brädspel

dadu

tärning

set model kreta api

modelljärnväg

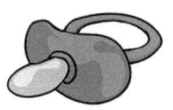

dot

napp

pesta

party

buku gambar

bilderbok

bola

boll

boneka

docka

bermain

spela

tempat main pasir

sandlåda

ayunan

gunga

mainan

leksaker

video game konsol

spelkonsol

sepeda roda tiga

trehjuling

teddy

nalle

lemari pakaian

garderob

pakaian
kläder

kaos kaki

sockar

kaos kaki

strumpor

baju ketat

tights

syal
halsduk

payung
paraply

kaos
t-shirt

sabuk
bälte

sepatu bot
stövlar

sandal
tofflor

sepatu
sneakers

sandal	sepatu	sepatu bot karet
sandaler	skor	gummistövlar

celana dalam	BH	baju rompi
underbyxor	BH	linne

pakaian - kläder

45

body
body

celana
byxor

jeans
jeans

rok
kjol

blus
blus

kemeja
skjorta

aket berkerudung
pullover

sweater
sweater

jaket
blazer

jaket
jacka

mantel
kappa

jas hujan
regnjacka

kostum
dräkt

gaun
klänning

gaun pengantin
bröllopsklänning

pakaian - kläder

setelan resmi

kostym

gaun tidur

nattlinne

piyama

pyjamas

sari

sari

jilbab

slöja

turban

turban

burka

burka

kaftan

kaftan

abaya

abaya

pakaian renang

baddräkt

celana renang

badbyxor

celana pendek

shorts

olah raga

träningsoverall

celemek

förkläde

sarung tangan

handskar

kancing

knapp

kacamata

glasögon

gelang

armband

kalung

halsband

cincin

ring

anting

örhänge

topi

mössa

gantungan mantel

galge

topi

hatt

dasi

slips

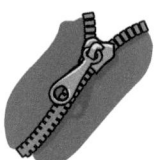

ritsleting

dragkedja

helm

hjälm

tali selempang

hängslen

seragam sekolah

skoluniform

seragam

uniform

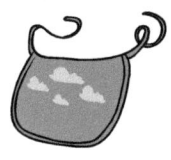

oto

haklapp

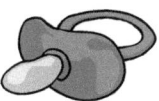

dot

napp

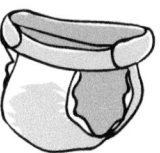

popok

blöja

kantor
kontor

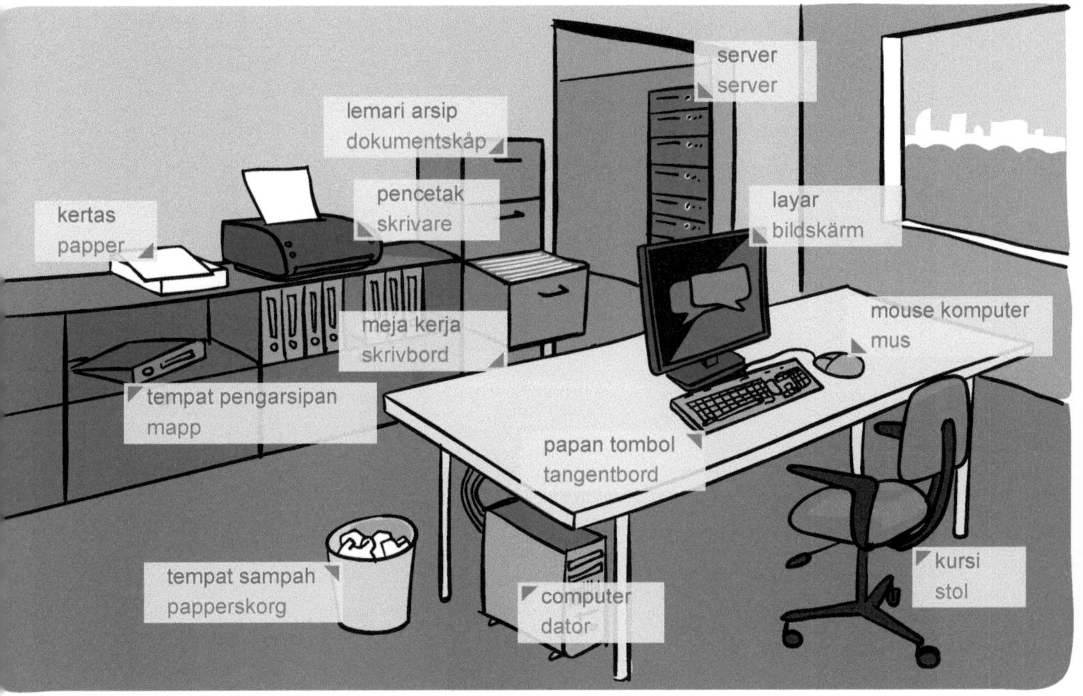
server
server
lemari arsip
dokumentskåp
kertas
papper
pencetak
skrivare
layar
bildskärm
mouse komputer
mus
meja kerja
skrivbord
tempat pengarsipan
mapp
papan tombol
tangentbord
tempat sampah
papperskorg
computer
dator
kursi
stol

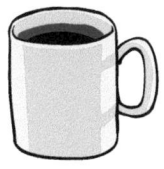

cangkir kopi

kaffemugg

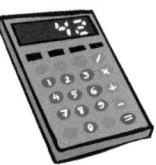

kalkulator

miniräknare

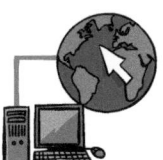

internet

internet

laptop

bärbar dator

surat

brev

pesan

meddelande

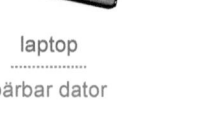

telepon seluler

mobiltelefon

jaringan

nätverk

fotokopi

kopieringsapparat

software

programvara

telepon

telefon

plug soket

vägguttag

mesin fax

fax

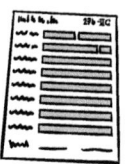

formulir

blankett

dokumen

dokument

membeli

köpa

membayar

betala

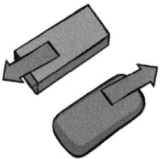

berdagang

handla

uang

pengar

Dollar

dollar

Euro

euro

Yen

yen

Rubel

rubel

Franc Swiss

schweizisk franc

Renminbi Yuan

renminbi yan

Rupiah

rupie

ATM

bankomat

kantor pertukaran mata uang

växelkontor

emas

guld

perak

silver

minyak

olja

energi

energi

harga

pris

kontrak

kontrakt

pajak

skatt

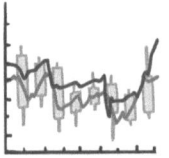

saham

aktie

bekerja

arbeta

karyawan

anställd

majikan

arbetsgivare

pabrik

fabrik

toko

affär

petugas polisi
polis

pemadam kebakaran
brandman

pemasak
kock

dokter
läkare

pilot
pilot

tukan kebun

trädgårdsmästare

tukang kayu

snickare

penjahit wanita

sömmerska

hakim

domare

ahli kimia

kemist

aktor

skådespelare

sopir bis

busschaufför

sopir taksi

taxichaufför

nelayan

fiskare

pembantu

städerska

tukang atap

takläggare

pelayan

servitör

pemburu

jägare

pelukis

målare

tukang roti

bagare

tukang listrik

elektriker

pembangun

byggarbetare

insinyur

ingenjör

tukang daging

slaktare

tukang ledeng

rörmokare

tukang pos

brevbärare

tentara

soldat

arsitek

arkitekt

kasir

kassör

penjual bunga

florist

penata rambut

frisör

konduktor

konduktör

montir

mekaniker

kapten

kapten

dokter gigi

tandläkare

ilmuwan

vetenskapsman

rabbi

rabbin

imam

imam

biarawan

munk

pendeta

präst

alat
verktyg

palu
hammare
tang
tång
obeng
skruvmejsel
kunci
skiftnyckel
obor
ficklampa

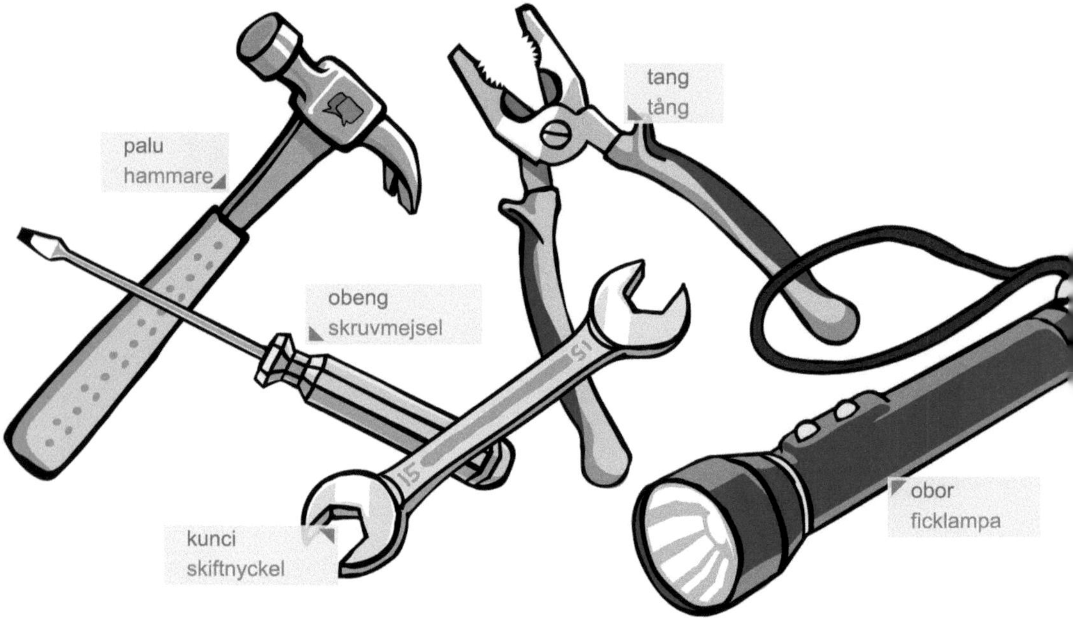

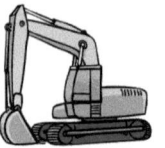

penggali

grävmaskin

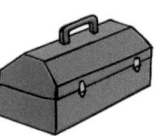

tas perkakas

verktygslåda

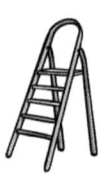

tangga

stege

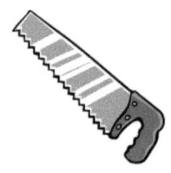

gergaji

såg

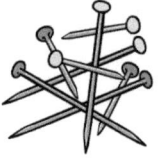

paku

spik

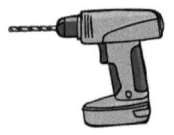

bor

borr

perbaikan

reparera

sekop

spade

Sialan!

Helvete!

cikrak

sopskyffel

pot cat

färgburk

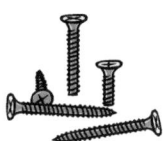

sekrup

skruvar

alat musik
musikinstrument

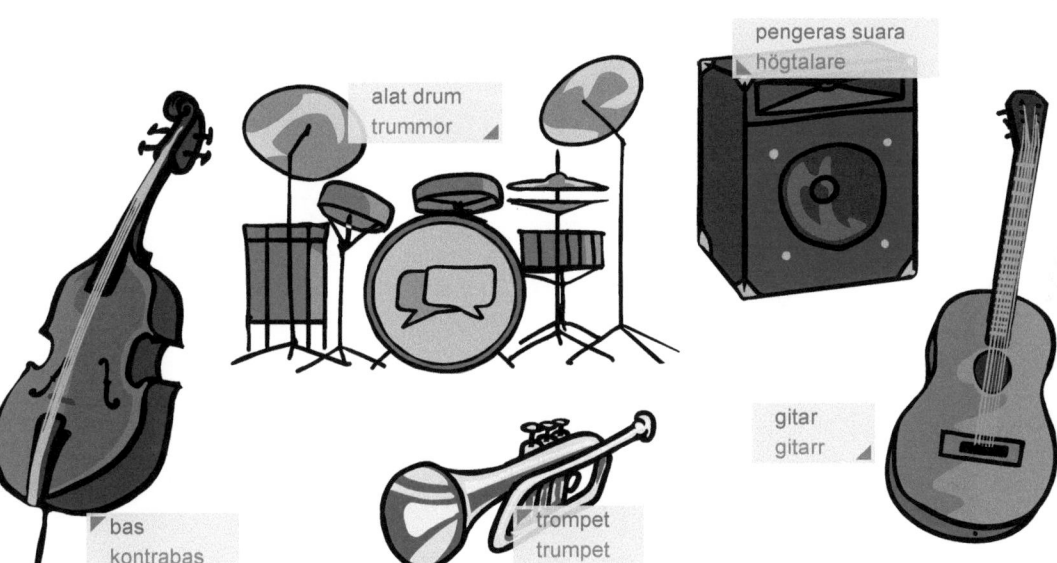

alat drum
trummor

pengeras suara
högtalare

bas
kontrabas

trompet
trumpet

gitar
gitarr

piano

piano

violin

violin

bass

bas

tambur

timpani

drum

trumma

keyboard

keyboard

saksofon

saxofon

suling

flöjt

mikrofon

mikrofon

alat musik - musikinstrument

kebun binatang

zoo

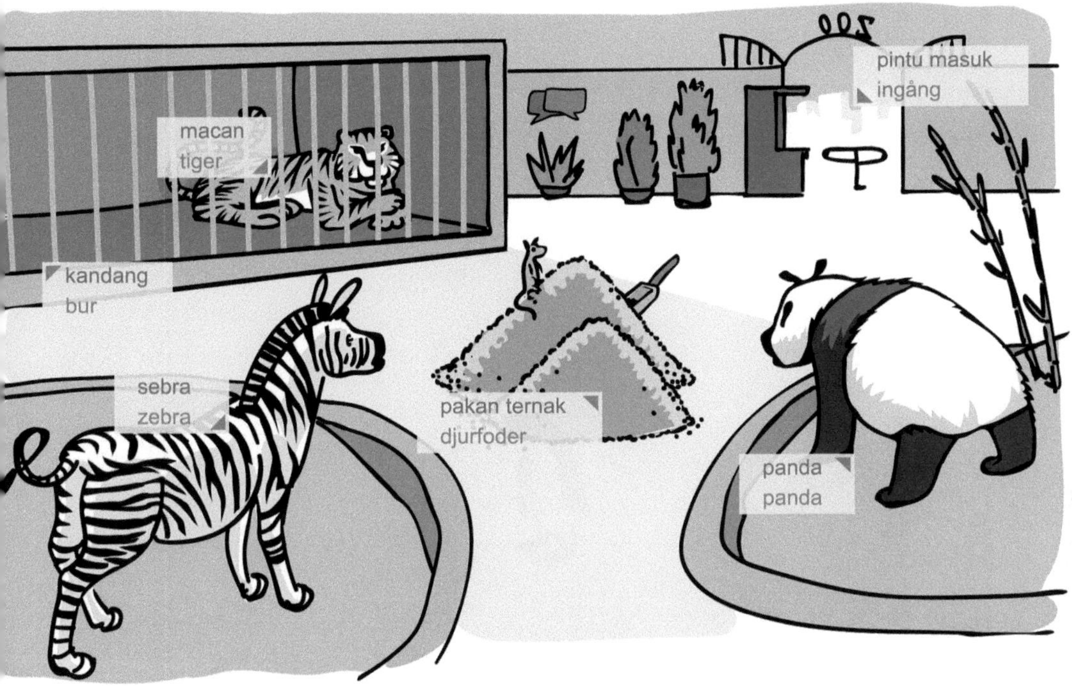
macan
tiger
kandang
bur
sebra
zebra
pakan ternak
djurfoder
panda
panda
pintu masuk
ingång

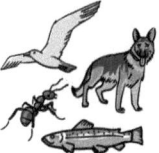

hewan

djur

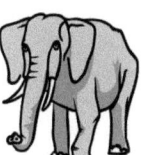

gajah

elefant

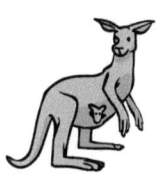

kanguru

känguru

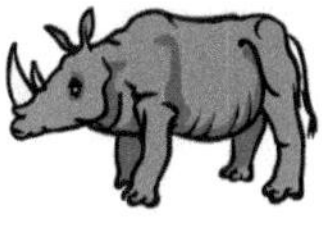

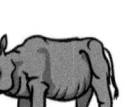

badak

noshörning

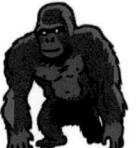

gorila

gorilla

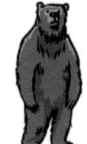

beruang

björn

unta

kamel

burung unta

struts

singa

lejon

monyet

apa

flamingo

flamingo

burung beo

papegoja

beruang polar

isbjörn

penguin

pingvin

hiu

haj

merak

påfågel

ular

orm

buaya

krokodil

penjaga kebun binatang

djurskötare

segel

säl

jaguar

jaguar

kuda poni

ponny

macan tutul

leopard

kuda nil

flodhäst

jerapah

giraff

burung elang

örn

babi jantan

vildsvin

ikan

fisk

kura-kura

sköldpadda

anjing laut

valross

rubah

räv

kijang

gazell

american football
amerikansk fotboll

naik sepeda
cykling

tennis
tennis

basketbal
basket

bernang
simning

hoki es
ishockey

tinju
boxning

sepak bola	badminton	atletik
fotboll	badminton	friidrott

bola tangan	main ski	polo
handboll	skidåkning	polo

meloncat
hoppa

ketawa
skratta

memeluk
krama

berjalan
gå

menyanyi
sjunga

berdoa
be

mencium
kyssa

mengimpi
drömma

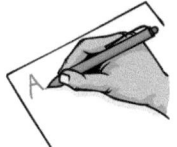

menulis

skriva

melukis

rita

menunjuk

visa

mendorong

skjuta

memberikan

ge

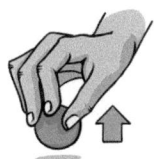

mengambil

ta

mempunyai

hagel

melakukan

göra

adalah

vara

berdiri

stå

berlari

springa

menarik

dra

melempar

kasta

jatuh

falla

tidur

ligga

menunggu

vänta

membawa

bära

duduk

sitta

berpakaian

klä på

tidur

sova

bangun

vakna

aktivitas - aktiviteter

melihat

se på

menangis

gråta

mengelus

smeka

menyisir

kamma

berbicara

prata

mengerti

förstå

menanyak

fråga

mendengar

höra

minum

dricka

makan

äta

merapikan

städa

cinta

älska

memasak

laga mat

menyetir

köra

terbang

flyga

berlayar

segla

menghitung

räkna

membaca

läsa

belajar

lära sig

bekerja

arbeta

menikah

gifta sig

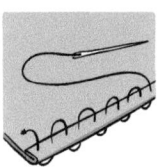

menjahit

sy

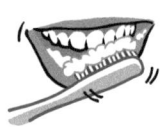

sikat gigi

borsta tänderna

membunuh

döda

merokok

röka

kirim

skicka

aktivitas - aktiviteter

nenek
mormor/farmor

kakek
morfar/farfar

bapak
pappa

ibu
mamma

bayi
baby

putri
dotter

putra
son

tamu
gäst

bibi
moster/faster

paman
farbror/morbror

kakak laki
bror

kakak perempuan
syster

badan
kropp

dahi
panna
mata
öga
bahu
skuldra
jari
finger
muka
ansikte
dagu
haka
tangan
hand
kaki
ben
payudara
bröst
lengan
arm

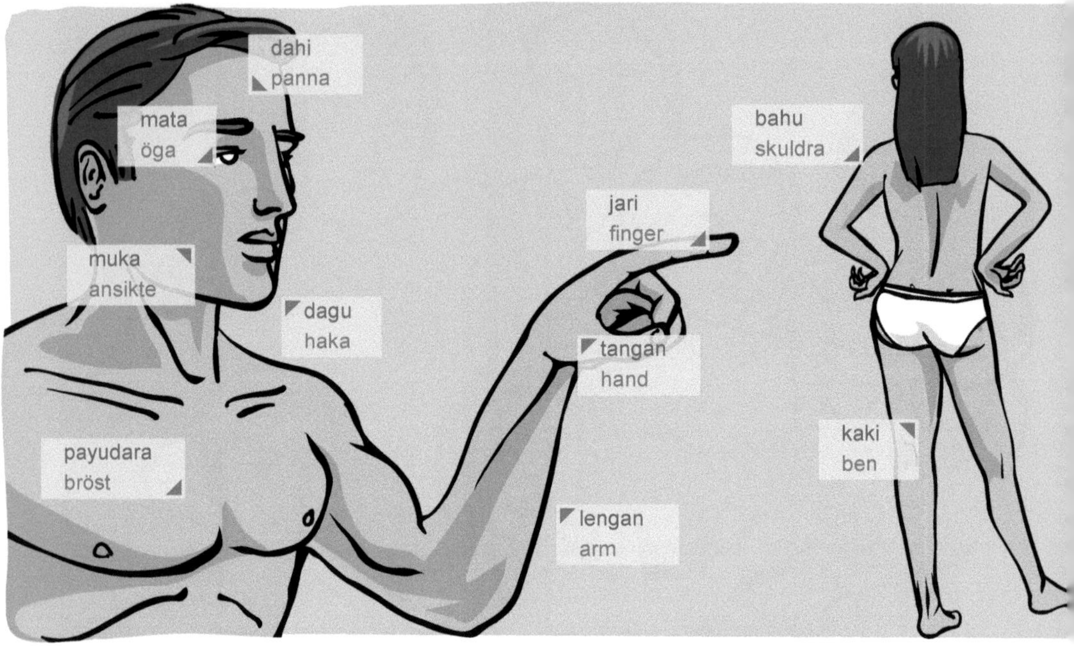

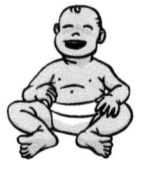

bayi

baby

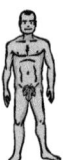

pria

man

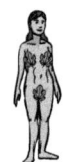

wanita

kvinna

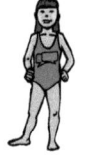

perempuan

flicka

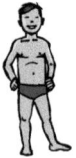

laki

pojke

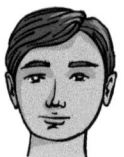

kepala

huvud

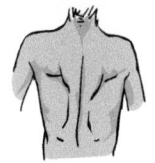

punggung

rygg

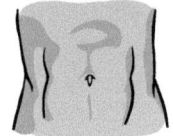

perut

mage

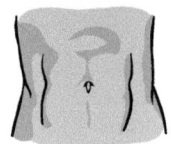

pusar

navel

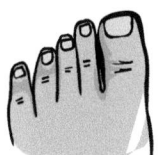

toe

tå

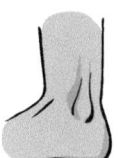

tumit

häl

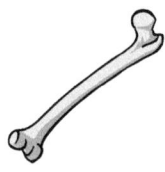

tulang

ben

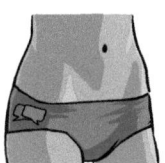

pinggang

höft

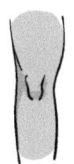

lutut

knä

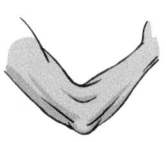

siku

armbåge

hidung

näsa

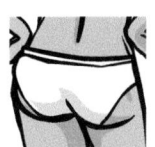

pantat

stjärt

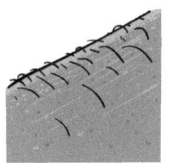

kulit

hud

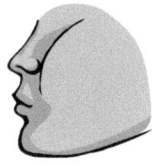

pipi

kind

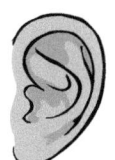

telinga

öra

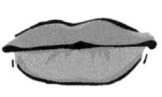

bibir

läpp

mulut

mun

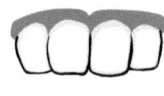

gigi

tand

lidah

tunga

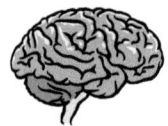

otak

hjärna

jantung

hjärta

otot

muskel

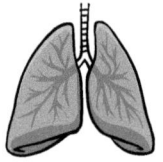

paru-paru

lunga

hati

lever

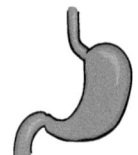

stomach

magsäck

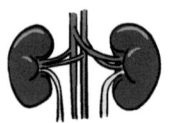

ginjal

njurar

hubungan seks

sex

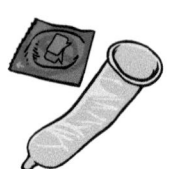

kondom

kondom

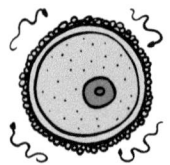

sel telur

äggcell

sperma

sperma

kehamilan

graviditet

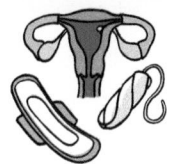

menstruasi

menstruation

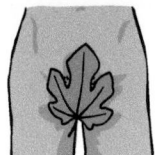

vagina

vagina

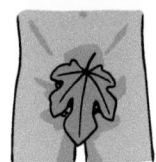

penis

penis

alis

ögonbryn

rambut

hår

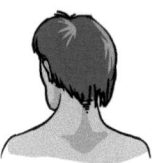

leher

nacke

rumah sakit
sjukhus

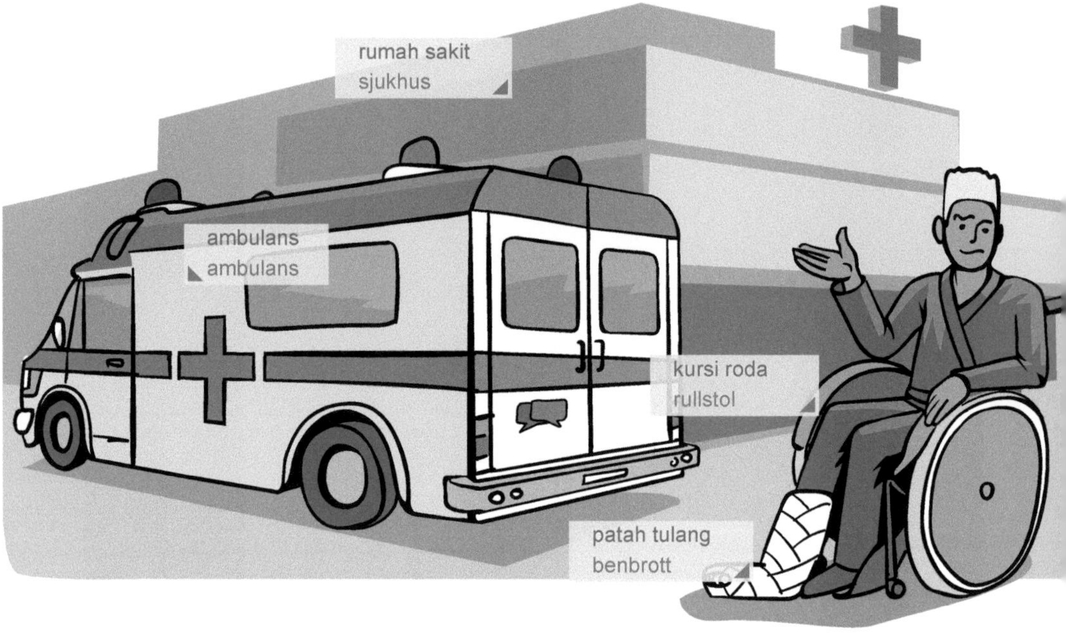

rumah sakit
sjukhus
ambulans
ambulans
kursi roda
rullstol
patah tulang
benbrott

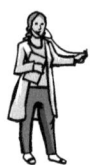

dokter

läkare

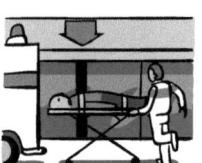

ruang darurat

akutmottagning

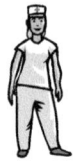

perawat

sjuksköterska

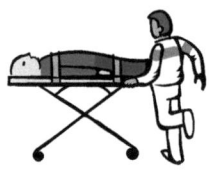

darurat

nödsituation

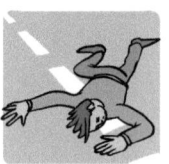

semaput

medvetslös

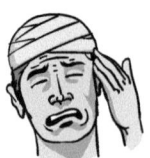

sakit

smärta

cedera

skada

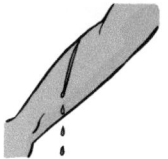

perdarahan

blödning

serangan jantung

hjärtattack

stroke

slaganfall

alergi

allergi

batuk

hosta

demam

feber

flu

influensa

diare

diarré

sakit kepala

huvudvärk

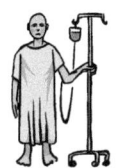

kanker

cancer

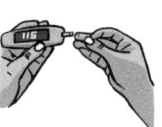

diabetes

diabetes

ahli bedah

kirurg

pisau bedah

skalpell

operasi

operation

CT

CT

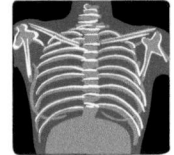

sinar x

röntgen

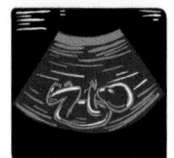

usg

ultraljud

topeng

ansiktsmask

penyakit

sjukdom

ruang tunggu

väntsal

penyokong

krycka

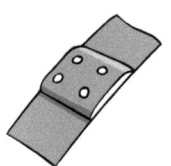

plester

plåster

perban

bandage

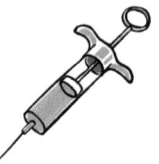

injeksi

injektion

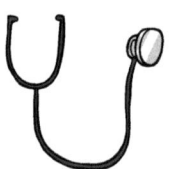

stetoskop

stetoskop

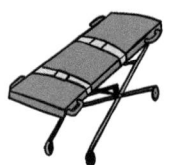

usungan

bår

termometer klinis

termometer

kelahiran

födsel

kelebihan berat badan

övervikt

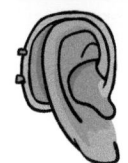

alat pendengar

hörapparat

desinfektan

desinfektionsmedel

infeksi

infektion

virus

virus

HIV / AIDS

HIV / AIDS

obat

medicin

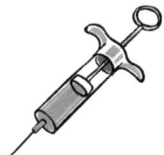

vaksinasi

vaccination

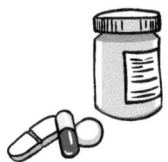

tablet

tabletter

pil

p-piller

panggilan darurat

nödsamtal

ukur tekanan darah

blodtrycksmätare

sakit / sehat

sjuk / frisk

Tolong!
Hjälp!

alarm
alarm

penyerbuan
överfall

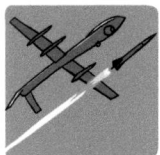

serangan
misshandel

bahaya
fara

pintu darurat
nödutgång

Api!
Det brinner!

alat pemadam kebakaran
brandsläckare

kecelakaan
olycka

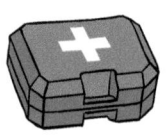

kit pertolongan pertama
förbandslåda

SOS
SOS

polisi
polis

Eropa

Europa

Amerika Utara

Nordamerika

Amerika Selatan

Sydamerika

Afrika

Afrika

Asia

Asien

Australi

Australien

Atlantik

Atlanten

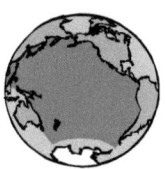

Pasifik

Stilla Havet

Samudra India

Indiska Oceanen

Samudra Antartika

Antarktiska Oceanen

Samudra Arktik

Arktiska Oceanen

kutub utara

Nordpol

kutub selatan

Sydpol

Antarktika

Antarktis

bumi

Jorden

tanah

land

laut

hav

pulau

ö

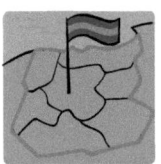

bangsa

nation

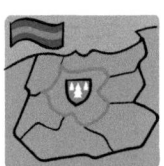

negara

stat

jam wajah

urtavla

jarum pendek

timvisare

jarum menit

minutvisare

jarum detik

sekundvisare

Jam berapa?

Vad är klockan?

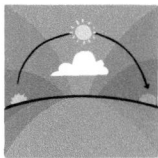

hari

dag

waktu

tid

sekarang

nu

jam digital

digital klocka

menit

minut

jam

timme

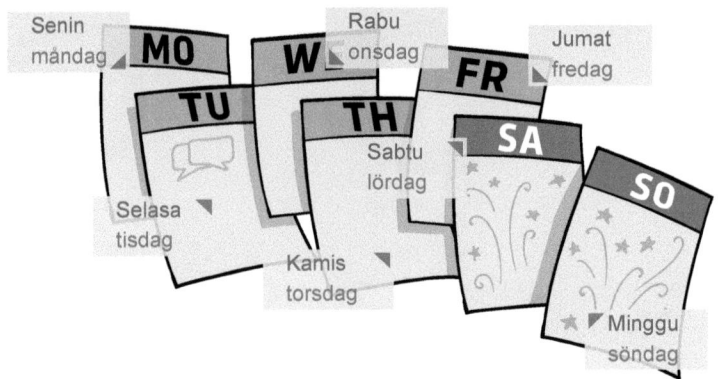

Senin / måndag — MO
Rabu / onsdag — W
Jumat / fredag — FR
TU
TH
Selasa / tisdag
Sabtu / lördag — SA
Kamis / torsdag
SO
Minggu / söndag

kemaren
igår

hari ini
idag

besok
imorgon

pagi
morgon

siang
middag

malam
kväll

MO	TU	WE	TH	FR	SA	SU
1	2	3	4	5	6	7
8	9	10	11	12	13	14
15	16	17	18	19	20	21
22	23	24	25	26	27	28
29	30	31	1	2	3	4

hari kerja
vardagar

MO	TU	WE	TH	FR	SA	SU
1	2	3	4	5	6	7
8	9	10	11	12	13	14
15	16	17	18	19	20	21
22	23	24	25	26	27	28
29	30	31	1	2	3	4

akhir minggu
helg

tahun

år

hujan
regn
pelangi
regnbåge
salju
snö
angin
vind
musim semi
vår
musim gugur
höst
musim panas
sommar
musim dingin
vinter

4.APRIL 11°
5.APRIL 4°
6.APRIL 13°
7.APRIL 8°
8.APRIL 10°

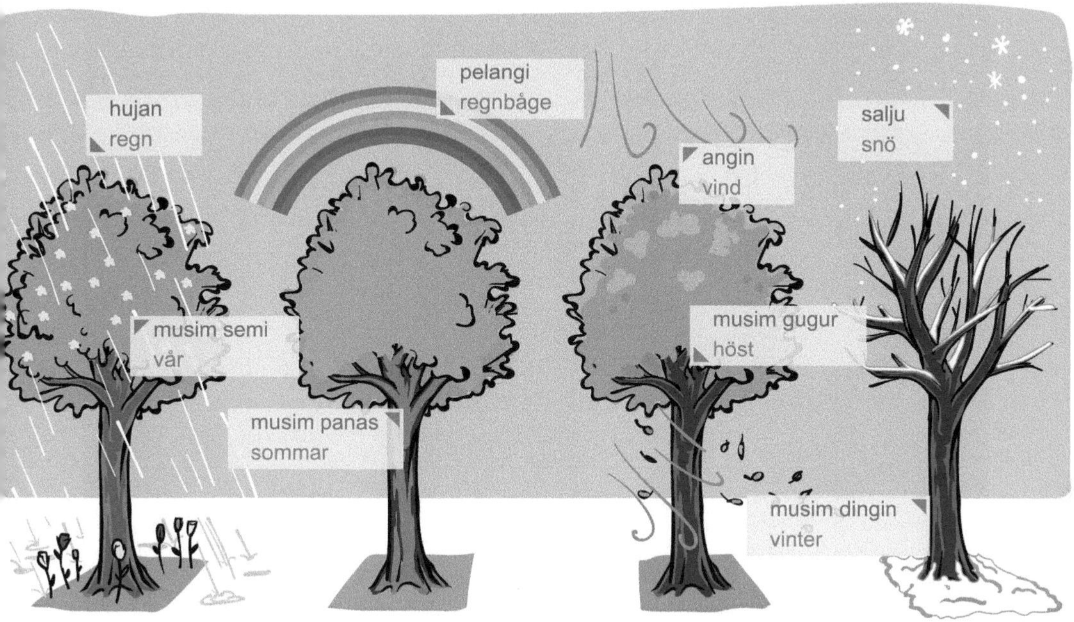

ramalan cuaca

väderprognos

F C
120 40
90 30
60 20
30 10
0 0
-30 -10
-20

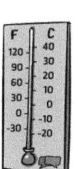

termometer

termometer

matahari

solsken

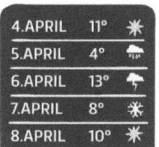

awan

moln

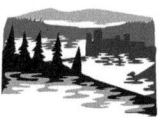

kabut

dimma

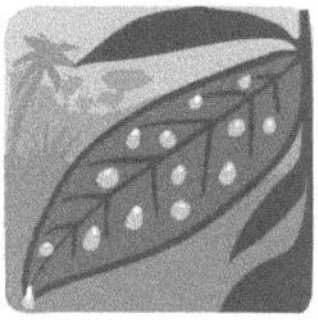

kelembahan

luftfuktighet

kilat

blixt

guntur

åska

badai

storm

hujan es

hagel

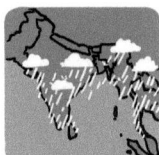

monsun

monsun

banjir

översvämning

es

is

Januari

januari

Februari

februari

Maret

mars

April

april

Mei

maj

Juni

juni

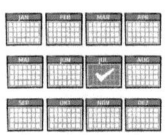

Juli

juli

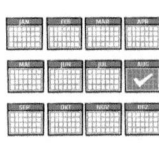

Agustus

augusti

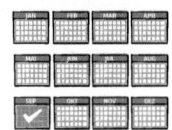

September
september

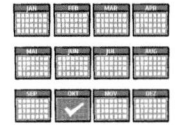

Oktober
oktober

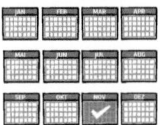

November
november

Desember
december

bentuk
former

lingkaran
cirkel

persegi
kvadrat

persegi panjang
rektangel

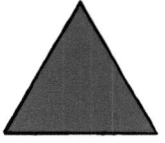

segi tiga
triangel

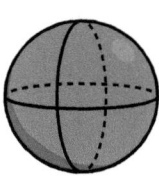

bola
sfär

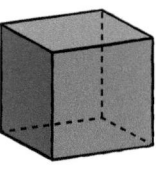

kubus
kub

putih

vit

kuning

gul

oranye

orange

pink

rosa

merah

röd

ungu

lila

biru

blå

hijau

grön

coklat

brun

abu-abu

grå

hitam

svart

banyak / sedikit

mycket / lite

marah / tenang

arg / lugn

cantik / jelek

vacker / ful

mulaih / selesai

början / slut

besar / kecil

stor / liten

terang / gelap

ljus / mörk

saudara laki-laki / saudara perempuan

bror / syster

bersih / kotor

ren / smutsig

lengkap / tidak lengkap

komplett / ofullständig

hari / malam

dag / natt

mati / hidup

död / levande

luas / sempit

bred / smal

dapat dimakan / tidak dapat dimakan

ätlig / oätlig

jahat / baik

ond / god

bersemangat / bosan

upphetsad / uttråkad

gemuk / kurus

tjock / smal

pertama / terakhir

först / sist

teman / musuh

vän / fiende

penuh / kosong

full / tom

keras / lembut

hård / mjuk

berat / enteng

tung / lätt

lapar / haus

hunger / törst

sakit / sehat

sjuk / frisk

ilegal / legal

olaglig / laglig

cerdas / bodoh

intelligent / dum

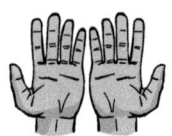

kiri / kanan

vänster / höger

dekat / jauh

nära / långt bort

baru / bekas
....
ny / begagnad

tidak ada apapun / sesuatu
....
inget / något

tua / muda
....
gammal / ung

nyala / mati
....
på / av

buka / tutup
....
öppen / stängd

tenang / keras
....
tyst / högljudd

kaya / miskin
....
rik / fattig

benar / salah
....
rätt / fel

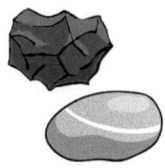

kasar / halus
....
grov / slät

sedih / gembira
....
ledsen / glad

pendek / panjang
....
kort / lång

pelan-pelan / cepat
....
långsam / snabb

basah / kering
....
våt / torr

hangat / sejuk
....
varm / sval

perang / damai
....
krig / fred

0

nol

noll

1

satu

ett

2

dua

två

3

tiga

tre

4

empat

fyra

5

lima

fem

6

enam

sex

7

tujuh

sju

8

delapan

åtta

9

sembilan

nio

10

sepuluh

tio

11

sebelas

elva

12

duabelas

tolv

13

tigabelas

tretton

14

empatbelas

fjorton

15

limabelas

femton

16

enambelas

sexton

17

tujuhbelas

sjutton

18

delapanbelas

arton

19

sembilanbelas

nitton

20

duapuluh

tjugo

100

seratus

hundra

1.000

seribu

tusen

1.000.000

juta

miljon

Inggris

engelska

bahasa Inggris Amerika

amerikansk engelska

bahasa Cina Mandarin

kinesisk mandarin

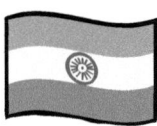

bahasa Hindi

hindi

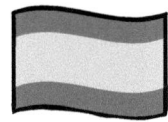

bahasa Spanyol

spanska

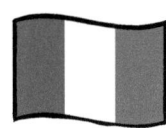

bahasa Perancis

franska

bahasa Arab

arabiska

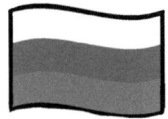

bahasa Rusia

ryska

bahasa Portugis

portugisiska

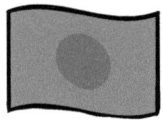

bahasa Bengal

bengali

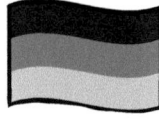

bahasa Jerman

tyska

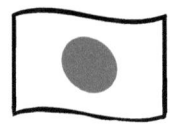

bahasa Jepang

japanska

saya

jag

kamu

du

dia

han / hon / den (det)

kita

vi

kalian

ni

mereka

de

siapa?

vem?

apa?

vad?

begaimana?

hur?

dimana?

var?

kapan?

när?

nama

namn

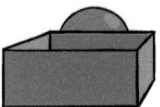

dibelakang

bakom

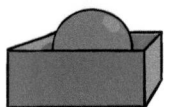

di

i

didepan

framför

diatas

över

diatas

på

dibawah

under

sebelah

bredvid

di antara

mellan

tempat

plats